AF319397

DU RAPPORT QU'IL Y A

ENTRE

L'ABSENCE DU DROIT ÉLECTORAL

ET

LES ÉMEUTES

PAR L'AUTEUR

De L'Existence de la Destinée Humaine

PRIX : 30 C.

IMPRIMERIE DE H. FOURNIER ET Cᵉ

14, RUE DE SEINE

1840

DU RAPPORT QU'IL Y A

ENTRE

L'ABSENCE DU DROIT ÉLECTORAL

ET

LES ÉMEUTES

L'an 1840 commence; suivant les traditions populaires, un mystérieux avenir apparaît, et il enveloppe de toutes parts cette redoutable année, annoncée depuis si longtemps comme devant être féconde en grands événements; — quels seront ces événements? — que se passera-t-il? — faut-il ne pas dédaigner des prédictions qui remontent à plus de cent années, et devons-nous apporter le tribut de notre foi aux pressentiments de plusieurs générations?... Y a-t-il là, en effet, quelque chose qui puisse sérieusement fixer les méditations du philosophe, et n'y aurait-il pas dans cette pensée confuse des peuples le souffle tout puissant d'un inévitable destin ?

Le germe de la matière qui doit demain se développer est dans le présent; le germe des événements est de même dans les temps qui précèdent. Pourquoi le sentiment de l'avenir ne serait-il pas dans la pensée des masses lorsque cet avenir doit remuer le monde?

Les faits extraordinaires ont quelque chose d'indicible et qui fait pressentir leur approche.

Il semble que la nature, lorsqu'un grand effort va s'accomplir, se prépare à y arriver; et c'est ce travail incessant, prédécesseur des faits, qui tourmente et avertit en secret les hommes.

Encore une fois, qu'arrivera-t-il?

Hélas! je crains bien d'être bon prophète, et de pouvoir prédire avec certitude que de grandes secousses nous attendent.

Jetez les yeux autour de vous :

Vous verrez sur la terre deux camps; l'un est immense et enveloppe presque toute sa surface; l'autre est imperceptible, mais il occupe les meilleures positions; pour ceux qui font partie de celui-ci, sont toutes les jouissances; pour eux, pas de peines, pas de travail; pour le reste,...... aucun repos, de la misère, des souffrances; ici des chaînes, plus loin des privations, partout un affreux concert de malédictions, de cris d'agonie, et pour fin à toutes ces angoisses..... les derniers soupirs de ces milliers de malheureux.

Or, il y a dans cet état une crise terrible, et elle approche.

Je le disais tout à l'heure : la nature se prépare à accomplir un grand effort.

Mais quels seront les effets de cet ébranlement universel?

Quels changements amènera-t-il?

Est-ce que la misère qui affame et dévore l'espèce humaine ne traînera plus ses hideuses plaies sur la terre?

Verra-t-on les heureux se dépouiller d'une partie de leurs biens pour soulager leurs semblables ? Non.

Les heureux faire des sacrifices !... Oh! non, non... ne l'espérons pas.

L'heure non plus n'arrivera pas où le pauvre pourra sommeiller sans que cette affreuse pensée ne vienne chaque soir l'assaillir :

« Quel est notre avenir? (Car le pauvre ne pense pas qu'à lui.)

« Travailler pour les autres...

« Etre exploités par les autres...

« Enrichir les autres...

« Mais nous....... aucun espoir,

« ni pour nos enfants, ni pour
« notre vieillesse; les vieux sont
« trop infirmes, ils ne peuvent
« rien faire, et il faut, de même
« qu'ils ont souffert jusqu'alors,
« qu'ils vivent de privations... Il
« faut qu'ils vivent ainsi pendant
« que d'autres regorgent!...

« Honte!... infamie!... égoïsme!
« Comme si on ne méritait pas du
« repos et du bien-être, après
« avoir supporté tant de jours
« maudits, après s'être donné de la
« peine pendant toute sa pauvre
« vie! »

Oui, pendant toute sa pauvre
vie!.....

Cette pauvre, cette triste vie qui
va s'éteindre ou sur un grabat, ou
dans un hôpital!.....

Et tout cela est horriblement
vrai!

Fatalité! fatalité! fatalité!

O terre! les gémissements de tes
enfants deviennent si déchirants

qu'ils finiront par toucher tes entrailles, et elles s'entr'ouvriront un jour pour engloutir toutes ces horreurs, toutes ces abominations et tous les méchants qui s'opposent au bonheur de l'espèce humaine.

Une question d'un immense intérèt, en ce moment est agitée en France.

La réforme électorale. Qu'on me permette deux mots sur ce sujet.

Examinons, lecteurs, si la réforme peut amener du mal ou du bien.

Mais, apportons dans cet examen, la plus profonde impartialité.

Ceux-là qui ne se sentent pas le

courage d'adopter les conséquences que la raison fait découvrir, ne sont pas des hommes intelligents; ce sont des êtres aveuglés, et il n'y a pas de plus grand fléau pour la société. Lorsque la raison ne peut rien, comment trouver des garanties pour l'avenir! C'est l'aveuglement qui perd tous les hommes, c'est l'entêtement dans sa manière de voir qui, lorsqu'elle est fausse, pousse même les plus honnêtes et à leur perte et à celle de leur parti.

Cette vérité, si utile à redire, est attestée par tous les faits que l'histoire nous a transmis.

Donc, tâchons d'être impartiaux et justes, nous serons utiles à nos semblables et à nous-mêmes.

La réforme que l'on demande est pour arriver à ce que les intérêts de toutes les classes soient mieux représentés.

Voyons, en deux mots, s'il y a besoin de cette amélioration.

Il y a , somme ronde, trois cent mille électeurs en France, pour élire à peu près quatre cents députés. Ces électeurs nomment les députés qui sont capables de représenter leurs opinions et de défendre leurs intérêts. — Fort bien.

Jusque-là rien de plus logique.

On conçoit en effet que trois cent mille hommes ne peuvent pas délibérer à la fois, et ils nomment des gens qui, en petit nombre, les représentent.

Mais, malheureusement, trois cent mille individus ne constituent pas la France, qui est composée de trente-trois millions.

Et cependant, pour ces trente-trois millions, il n'y en a que 3oo,ooo qui sont appelés par la loi à avoir des mandataires, ayant mission de veiller à leurs intérêts.

Les autres...... rien.

Ici le scandale apparaît à son comble. Comment! trois cent mille électeurs d'un côté, et trente-deux millions d'individus de l'autre ! ! !

C'est inouï......

Cela tient du délire, ou c'est le fait du plus affreux despotisme.

Eh ! mon dieu ! serait-on tenté de s'écrier en se servant d'un langage qui ne sera pas déplacé ici, puisqu'il est l'expression énergique du peuple,

« Est-ce que par hasard on
« prend ces trente-deux millions de
« Français POUR DES CHIENS ! !... »

Cette expression semble dépasser les bornes de la vérité, cependant elle n'est qu'amèrement juste.

Mais ce mot choque-t-il.

Appelons ces trente-deux millions de Français, trente-deux millions d'esclaves.... Ce serait mieux.

Ce mot blesse-t-il encore ?

Eh bien disons alors, 32,000,000 d'enfants ou d'imbéciles.

Mais maintenant que je suis dans le vrai, laissez-moi vous le prouver en deux lignes.

Vous avez, à ma prière, eu l'intention, en lisant ce petit écrit, d'être impartiaux, justes. Soyez fermes dans cette détermination, elle vous rendra dignes à vos propres yeux.

Continuons :

La loi civile empêche les *enfants* et les *ineptes* de jouir des droits que l'on accorde à l'homme d'un certain âge (vingt-un ans), et à l'homme raisonnable. De plus, elle place un tuteur, s'il n'y a un père qui dirige les intérêts de l'enfant ou de l'imbécile, sans que celui-ci ou celui-là puisse faire valoir sa volonté, lorsqu'elle est contraire à celle du tuteur.

Ceci est connu de tout le monde.

Eh bien, les trente-deux millions de Français, cela est de la dernière évidence, SONT EN TUTELLE.

Ils n'ont pas le droit de veiller eux-mêmes à leurs intérêts, car leurs intérêts se débattent à la chambre par l'organe des députés, et ils ne se mêlent pas plus de l'élection de ces mêmes députés , que s'il n'en existait pas.

C'EST ABSOLUMENT COMME L'ENFANT OU L'IMBÉCILE QUE L'ON NE CONSULTE PAS , ET DONT ON GÈRE LES AFFAIRES.

Ceci, lecteurs, vous ne pourrez pas faire autrement que d'en convenir , est d'une vérité incontestable , et je défie qui que ce soit de la renverser.

Cependant , quel est l'homme d'un peu de bon sens qui soutiendra que, même le plus simple paysan n'est pas capable de sentir ce qui convient à ses interêts , et par conséquent de nommer quelqu'un qui puisse les soutenir.

Tous connaissent leurs besoins personnels.

Tous sont capables d'en juger.

Car, la loi à vingt-un ans les a soustraits au tuteur.

A cet âge, ils sont libres de diriger leurs affaires.

Donc, pourquoi priver trente-deux millions de Français, que la loi reconnaît aptes à juger, pourquoi les priver du droit de nommer, soit des électeurs qui éliraient les députés, soit les députés directement.

C'est, encore une fois, *parce qu'on veut qu'ils soient en tutelle*, et QU'ILS SONT REGARDÉS COMME DES ENFANTS OU COMME DES IMBÉCILES.

Cet état de choses est monstrueux!!!...

Il y a stupidité ou mauvaise foi dans le mode électoral.

C'est, à leur insu, un vol fait par trois cent mille électeurs à la nation entière, composée de trente-trois millions d'individus.

Je soutiens et répète que c'est un vol; car là où le droit est mé-

connu, il y a vol du droit, par conséquent aussi vol des intérêts qui
peuvent s'y rattacher.

Dans quel siècle vivons-nous,
mon Dieu! Jamais, jamais nos des-
cendants ne pourront croire que,
dans un temps où de si grands
principes avaient été proclamés par
deux révolutions, et écrits sur le
sol français avec le sang de tant de
victimes glorieuses, un pareil phé-
nomène ait pu exister. Comment
des hommes pleins de science, pleins
d'expérience, pleins de bonne foi,
j'aime à le croire, car supposer autrement serait trop affreux; comment penser que les hommes qui
ont confectionné nos lois aient pu
se tromper d'une manière si ré-
voltante?

On s'appuie, je le sais, sur la
propriété[1].

______

(1) L'impôt ne vient toujours que par ce
qu'on *possède.*

Mais voyons :

Partant de la propriété, il faudrait dès lors, pour être *conséquent* avec ce principe, arriver à l'absurde, c'est-à-dire vouloir que les *plus gros propriétaires dirigeassent les affaires !*

Car ceux qui ne possèdent presque pas n'ont pas de droits ; ceux qui possèdent plus, les électeurs, en ont ; et ceux qui possèdent davantage, les députés, en ont encore de plus étendus !... Donc, et pour être conséquent, ceux qui possèdent le plus parmi ces derniers devraient en avoir nécessairement qui fussent d'un degré supérieur[1].

Cependant ce ne sont pas les grands propriétaires qui ont la haute main dans la direction ; ce

---

(1) On suit du reste, dans chaque *parti*, très-rigoureusement, ce mode pour les capacités. Ceux qui n'en ont pas ne sont rien ; ceux qui en ont plus sont quelque chose ; ceux qui en ont encore davantage, dirigent.

sont PLUTOT les *capacités*; car, à la Chambre, ce sont les hommes de talent qui PARLENT et MÈNENT ses fractions.

D'un autre côté, ce sont encore des capacités qui entrent au ministère[1].

Donc, partout le fait est en contradiction avec le principe.

Car le principe veut la propriété avant la capacité, et le fait au contraire exige la capacité avant la propriété.

Or :

Puisque vous convenez PAR LE FAIT, du choix de la capacité pour diriger le pays,

Pourquoi ne pas l'établir en principe,

Pourquoi faire une chose qui ré-

---

(1) Il serait ridicule de supposer que les moins capables pussent être choisis, ou alors, la pensée qui ferait un tel choix, aurait la volonté de diriger ; donc cela remonte toujours à l'Intelligence ou Capacité qui seule doit et peut gouverner.

volte le bon sens, l'intelligence, la logique,

Et de plus, qui cause un mal profond dans tout le pays?

Réfléchissez encore combien de capacités vous enlevez à la direction de la France, *qui possède cent fois plus de capacités* que de gros propriétaires!!!

Quant aux députés, craindrait-on que, s'ils n'étaient pas gros propriétaires, ils ne se vendissent? —Rétribuez-les; rien de plus simple.

De même qu'on choisit des hommes capables, on choisit aussi des hommes moraux.

La moralité d'une part, et la capacité de l'autre; voilà en principe les deux éléments vrais qui gouvernent. Mais la propriété!..... elle ne doit être absolument pour rien dans ce grand fait.

C'est qu'effectivement la propriété ne donne ni le génie ni la moralité (les exemples l'attestent).

Donc, je le répète, la capacité et la moralité dirigeant seules le pays, elles seules doivent être l'élément électoral.

Qu'est-ce qu'on doit exiger du député?—Deux choses.—Avoir de la moralité pour agir loyalement; de plus, la capacité pour savoir ce qu'il faut faire.

Qu'est-ce qu'on doit exiger pour l'électeur?—Deux choses.—Avoir l'intelligence de ses besoins et la moralité nécessaire pour les sanc-tionner. Veuillez cela seul chez les électeurs et les députés, et vous aurez construit une bonne loi élec-torale, une loi raisonnable, une loi juste, une loi dont le principe sera d'accord avec le fait;

Une loi qui, s'appuyant sur la moralité et le bon sens de tous,

Faite par tous.

Sera soutenue de tous.

Quant à moi (s'il m'est permis de dire encore un mot), je voudrais que tous fussent électeurs. Tous les citoyens devraient l'être dès le même moment que la loi reconnaît leurs droits complets, et de plus lorsque leur moralité serait bien établie.

Ils seraient déchus de ce droit pendant un certain temps, suivant les fautes commises et constatées par la magistrature.

Il me semble que ce serait d'un seul coup mener la société dans une voie un peu meilleure.

La réforme actuelle se borne malheureusement à la garde nationale seule.

Néanmoins cela vaut mieux que rien.

Eh bien! pour former une union puissante et victorieuse, il faut que tous se joignent pour arriver là.

Oui, la garde nationale présente des garanties immenses et que reconnaît la loi, car elle lui confie la vie des libertés publiques et de l'ordre.

Donc chaque garde national, puisqu'on lui accorde l'intelligence de savoir qu'il faut marcher pour soutenir tels ou tels principes, puisqu'on le juge digne de COMPRENDRE et d'EXÉCUTER ce qui est nécessaire pour la CONSERVATION DE LA SOCIÉTÉ, je dis que dès lors il est apte à pouvoir élire; et je dis de plus que celui qui oserait soutenir qu'un tel homme est incapable d'être électeur ferait le plus horrible blasphème, et se rendrait coupable du crime de lèse-nation.

Car il faut le proclamer solennellement : ce SERAIT UNE TRAHISON ENVERS SES CONCITOYENS. Tant la France souffre, tant la France a besoin d'une nouvelle loi électorale, qui par des changements dans l'ordre social vienne à supprimer les abus qui existent et les anéantir, et cela non pas dans dix ans, dans cinq ans, dans deux ans, mais TRÈS-PROMPTEMENT. Hors de là, la loi ne serait qu'une déception, car il faut diminuer de suite énormément les impôts, assurer les libertés, ouvrir de nouvelles voies aux habitants qui n'ont ni travail ni pain, de manière à ce que la misère soit éteinte immédiatement; et tout cela peut être au moyen d'une nouvelle organisation.

Voilà, je le dis, pourquoi ce serait un crime!

Mais si malgré tout, il y a encore des hommes qui persistent : si malgré tout, on veut maintenir l'ordre de choses actuel, si enfin l'on ne veut pas appuyer la réforme; au moins, on ne saurait trop le redire, doit-on *avoir assez de pudeur* pour ne pas *crier contre* ?

Ayant démontré, je crois, d'une manière irréfutable que la propriété pouvait n'entrer pour rien

dans la gestion des affaires, puisqu'effectivement l'intelligence et la
moralité seules peuvent gouverner
par le fait ;

Après avoir démontré que lés
mêmes éléments devaient agir dans
la loi électorale, puisqu'il suffit de
connaître ses besoins et d'avoir,
d'après le Code, la capacité d'y
veiller ; puisqu'en outre il est
prouvé que ce n'est que pour la dé-
fense de tous les intérêts indivi-
duels que sont nommés les repré-
sentants :

Il est, dès lors, d'une bonne logique, d'admettre que les individus
des intérêts desquels on s'occupe
choisissent eux-mêmes leurs délé-
gués, à moins qu'ils n'aient perdu
les droits que la loi leur confère à
vingt-un ans, et par lesquels elle
reconnaît leur aptitude où capacité
dans la gestion de leurs intérêts.

De plus, après avoir démontré
que la garde nationale est en droit
d'élire, puisqu'elle présente l'une

des garanties les plus sacrées, celle de la garde *intelligente* des libertés et de l'ordre, et qu'après tout, d'elle a dépendu jusqu'à présent, par le fait, le maintien de la société telle qu'elle est, il me reste à présenter une considération bien importante.

Elle parle haut, elle s'appuie sur un avenir redoutable et prend sa source dans les enseignements du passé.

Je vais parler des émeutes :

Je serai bref.

Les législateurs ont-ils bien réfléchi lorsqu'ils ont mis une très-grande masse d'hommes dans l'impossibilité d'exprimer leurs besoins, leurs opinions !

Ont-ils bien pensé à tous les maux qu'ils préparaient à leur pays !

Non, sans doute ?

Cependant, là est la cause de tous les troubles, de toutes les émeutes passées, de toutes les insurrections à venir.

Le gouvernement peut se trouver, par suite de l'effet du mode électoral actuel, dans l'impossibilité de savoir si les mesures qu'il prend auront l'assentiment de la nation; partant de là, ne pouvoir prévenir les perturbations ou le mécontentement qui doivent éclater?

Voyez d'un seul regard où cela peut le mener!

Voyez les résultats déplorables qui peuvent en être la suite.

Voyez aussi la révolution de juillet qui a conduit Charles X en exil?

Charles X a pu croire avec quelque fondement que le reste de la nation l'approuverait? Mais s'il avait eu une chambre vraiment représentative de la France, oh! alors, il eût su que c'était le pays entier qui voulait, et il aurait cédé.

Il est vrai que le peuple n'aurait pas eu occasion de montrer sa toute-puissance, et l'immuable DES-TINÉE a voulu, au contraire, qu'elle éclatât dans toute sa majesté !!!

Alors Charles X a été poussé à résister?

D'un autre côté, quant aux citoyens mécontents , comment veut-on, et cela, je le dis avec la bonne foi la [plus entière, comment veut-on que des hommes qui n'ont pas le moyen de faire entendre leurs voix, sachent que le reste de la société ne pense pas comme eux !

Ils l'ignorent, ou plutôt ils supposent qu'ils jugent comme elle, car chacun d'eux est entouré de gens qui pensent de même; et de là la croyance qui s'établit parmi eux, que tout le monde, ou presque tout le monde a les mêmes senti-ments.

Or, dans cet état, que faire ?

Ils vous l'ont appris.

Ils sont descendus sur la place publique, en disant :

« Il faut bien que quelqu'un « commence !

» Commençons, et la nation va » se lever ! »

Exemple :

En 1830, les premiers qui ont commencé ont dit la même chose, et la nation, en répondant à leur appel, a prouvé qu'ils ne s'étaient pas trompés.

En juin, même raisonnement. Ils ont marché, mais la nation ne les a pas suivis.

Avril, même résultat.

Mai, même résultat.

Eh bien, je le demande à tous les lecteurs de bonne foi, si ces hommes malheureux et dignes d'un meilleur sort avaient eu les institutions qui manquent pour leur faire voir qu'ils étaient en *petite* minorité, je le demande, si leur opinion avait pu être représentée à la chambre, en même temps que celles de tous les autres, auraient-ils agi de même ? — Non.

Car ils auraient vu très-certainement qu'ils étaient en force trop inégale et qu'il y aurait eu folie à descendre quelques centaines sur la place, pour être fusillés ou envoyés dans les prisons, seul résultat qu'ils eussent prévu. Ils auraient, au contraire, reconnu la faiblesse du nombre de leurs combattants, et auraient attendu que le temps eût amené une plus grande masse en leur faveur. Pour agir légalement et victoriensement.

Voilà ce qui aurait eu lieu.

Et alors que de maux évités, que de familles ne regretteraient pas les leurs !

Quelles souffrances épargnées au commerce !

Quelle solidité pour l'état, maintenant toujours menacé d'une émeute !

Quelle sécurité pour les citoyens!

Quelle puissance pour la France aux yeux de l'étranger, qui compte toujours arriver sur le sol sacré de la patrie à l'aide d'une révolution!

Le bien opéré par un simple changement dans la loi électorale eût été incalculable pour l'intérieur du pays.

O législateurs, qu'avez-vous fait?

Dans vos fausses prévisions, que de vies généreuses vous avez, de loin, vouées à la mort !... Que d'ardentes et nobles âmes vous avez enlevées à l'avenir du pays !

Et tous ces braves soldats français qui ont été forcés de se battre contre leurs frères !... Les voyez-vous expirant obscurément dans nos rues de Paris.... Leur sort, à eux...., c'eût été de mourir sur les murs de Varsovie, en y plantant le drapeau de la liberté ! ! !

Voilà donc vos œuvres !

Massacre des citoyens les uns par les autres !...

O comble de la trahison, ou plutôt d'une monstrueuse imprévoyance.

Législateurs ! ne craignez-vous pas que les ombres sanglantes de tous ces héros ne vous apparaissent un jour, et ne viennent vous demander compte du sang qui a été versé !!!

Qu'on pése bien, qu'on mûrisse bien les considérations que je viens de présenter, je les crois utiles

COMMERÇANTS, travailleurs, braves ouvriers :

Vous vivez du repos public ; c'est vous, par conséquent, qui devriez être les premiers à sentir le mal et à vouloir du remède, puisque vous êtes les premiers qui éprouvez les effets désastreux de L'ABSENCE DU DROIT ÉLECTORAL.

Car c'est à cette absence qu'est due la réapparition incessante de ces émeutes infructueuses qui ne fait que *reculer* les choses AU LIEU DE LES AVANCER, et qui agiteront toujours la France, tant que la société ne sera pas assise sur de meilleures bases.

Du reste, je ne vous adresse plus qu'un mot, mais retenez-le :

« Vous croyez-vous honnêtes « gens ;

« Vous sentiriez-vous assez d'in- « telligence pour nommer, s'il le fal- « lait, quelqu'un qui pût prendre « les intérêts de votre industrie ? »

Oui.

Eh bien, alors tout est dit : vous devez vouloir signer en masse la pétition, car vous devez VOULOIR ÊTRE ÉLECTEURS.

Si vous ne le voulez pas, vous

conviendrez par là que vous êtes *incapables*, que vous n'avez *aucune intelligence*, et alors je le dis très sincèrement :

Vous méritez d'être en tutelle; c'est-à-dire d'être, d'après le code, *gouvernés* comme des ENFANTS ou comme des IMBÉCILES.

Je ne puis m'empêcher de clore cet écrit en disant néanmoins, et cela pour la satisfaction de ma conscience, que, lorsque nous aurons la loi électorale, nous serons encore bien loin de tout ce qu'il nous faut.

Car la terre est couverte d'iniquités.

Les hommes végètent.

La perturbation est par toute la société.

Et il ne faut pas croire qu'il y ait révolution seulement lorsqu'on se bat à coups de fusil. Je le dis : la révolution est flagrante, elle existe, elle nous mine, elle nous assassine tous les jours.

Chacun sent son malaise, chacun veut en sortir, chacun s'agite, presque tous succombent ; leurs efforts sont stériles ; ils n'atteignent jamais leur but, et cependant ils s'acharnent à le poursuivre.

Ainsi s'établit une lutte incessante chez tous les travailleurs, parce qu'ils ne peuvent satisfaire à la totalité de leurs besoins.

Donc, il y a révolte DU BESOIN contre LE FAIT.

Les ouvriers sont exploités par les fabricants. Ceux-là s'usent en travaillant et veulent être mieux rétribués ; ceux-ci s'y opposent.

— Lutte entre eux.—

Les commerçants eux-mêmes se ruinent mutuellement, car ceux-ci vendent au détriment de ceux-là.

— Lutte entre eux. —

La plus grande partie des états regorgent d'hommes qui cherchent à travailler à la fois, et qui ne le peuvent.

— Lutte entre tous ces hommes. —

Il y a donc partout une lutte, une révolte des intérêts de ceux-ci contre les intérêts de ceux-là.

Je le disais bien tout à l'heure:

Il y a donc révolution, et révolution incessante, à cause des intérêts, dans toute la société.

Or, pour arriver à faire cesser un état de choses aussi monstrueux, est-ce la loi électorale *seule* qui nous y conduira?...

Serons-nous meilleurs?...

N'aurons-nous plus l'immoralité profonde qui nous ronge?

Aurons-nous tous du pain lorsque nous en manquerons?

Notre avenir sera-t-il assuré contre les chances de misère?

Serons-nous tous heureux, tous tranquilles sur notre sort futur?...

Il n'y a qu'une organisation basée

sur l'amour de l'humanité qui, assurant à chacun le bien-être, puisse faire le bonheur de tous.

Cependant, il faut bien le redire en terminant, la loi électorale, si elle est bien faite, doit *immédiatement* amener un plus grand soulagement, par les améliorations successives qui pourront s'engendrer promptement. Je le répète, hors de là *elle ne vaudrait absolument rien*, car il y a trop longtemps qu'on souffre.

Mais si, au contraire, elle a le bien-être du peuple en vue, alors de meilleures lois surgiront et il faut qu'elles agissent non seulement sur la France, mais sur toute la terre.

Car la France ne sera pas égoïste;

Elle déversera un jour du haut de sa puissance, les bienfaits des grandes institutions à venir sur tous les peuples.

Et, quoi que les rois fassent,

quoiqu'ils se liguent contre elle, aucun pouvoir au monde entier ne changera sa digne, sa haute, sa magnifique mission, qui est de régénérer les nations. ;

De faire à jamais régner la justice;

De faire luire la vertu de tout son éclat et de toute sa splendeur; la vertu, si pure, si sainte, si belle;

D'ouvrir une route nouvelle aux sociétés modernes;

De les mener à ne faire ensemble qu'une seule famille, de tous les hommes que des frères, de la vie un bienfait, une continuation de paix, de bonheur..... et non une torture, une déception affreuse, une lutte acharnée qui ensanglante et décime l'espèce humaine.

Ô peuple français! marche... marche... et rien n'arrêtera ta glorieuse destinée que...

www.ingramcontent.com/pod-product-compliance
Ingram Content Group UK Ltd.
Pitfield, Milton Keynes, MK11 3LW, UK
UKHW021018120726
13693UKWH00005B/2069